Université de France.

ACADÉMIE DE STRASBOURG.

THÈSE POUR LA LICENCE,

PRÉSENTÉE

A LA FACULTÉ DE DROIT DE STRASBOURG,

ET SOUTENUE PUBLIQUEMENT

Le jeudi 6 août 1840, à une heure,

PAR

L. DU PONT DE ROMÉMONT,

DE NANCY (MEURTHE).

STRASBOURG,
IMPRIMERIE DE G. SILBERMANN, PLACE SAINT-THOMAS, 3.
1840.

FACULTÉ DE DROIT DE STRASBOURG.

M. Rauter, doyen de la Faculté.

Examinateurs. MM. Aubry, Président. — Schutzenberger, — Kern, doyen honoraire, — Professeurs.
Rau, Professeur suppléant.

La Faculté n'entend approuver ni désapprouver les opinions particulières au candidat.

DROIT CIVIL.

DES EFFETS DE L'ABSENCE RELATIVEMENT AU PATRIMOINE DÉLAISSÉ PAR L'ABSENT.

INTRODUCTION.

Le but de la loi étant l'intérêt des citoyens, elle a dû étendre sa protection sur leurs biens, aussitôt qu'ils se trouvent par un événement quelconque, dans l'impuissance de les administrer ; parmi les causes de cette impuissance, il faut mettre l'absence.

Dans le langage ordinaire on appelle *absent* l'individu qui n'est pas au lieu de son domicile habituel, peu importe qu'on ait de ses nouvelles ou non, qu'on connaisse ou non sa résidence actuelle, on le dit absent. Mais dans le langage de la loi, le mot absent a une signification bien moins étendue ; il désigne toujours l'état d'un individu dont on ignore l'existence, soit parce qu'il a disparu, soit parce qu'on n'a pas reçu de ses nouvelles depuis un certain laps de temps. D'où il suit qu'en droit on ne peut considérer comme absent que celui dont l'existence est incertaine; celui au contraire qui est hors de chez lui, mais dont on a des nouvelles, soit par lui ou autrement, est simplement *non présent*; c'est ainsi que le qualifie le législateur art. 840.

L'absence, dans le sens de la loi, se divise naturellement en plusieurs périodes, suivant que la présomption de vie l'emporte ou non sur celle de la mort; cette distinction était indispensable, afin de mesurer les précautions à prendre pour la conservation des biens de l'absent sur le plus ou moins de probabilité de la mort; plus l'absence est prolongée, plus la présomption de mort acquiert de force : aussi c'est dans la dernière période de l'absence que nous verrons la loi agir presque comme si l'absent était mort, mais cependant jamais elle ne le déclare tel; dans la première période au contraire, l'absent est plutôt présumé vivant que mort; de là deux divisions nécessaires pour chacune desquelles le législateur a varié les dispositions de la loi : *la présomption d'absence* et *la déclaration d'absence.*

PREMIÈRE PÉRIODE.

DE LA PRÉSOMPTION D'ABSENCE.

Il était impossible de donner des règles fixes, et de limiter d'une manière générale et absolue le temps qui doit s'écouler depuis là disparition d'un individu jusqu'au moment où on peut le considérer comme *présumé absent.* En effet, ce sont des motifs de famille, d'habitudes, d'affaires, etc., particuliers à chaque individu qui peuvent l'empêcher de donner de ses nouvelles. Le législateur a donc dû s'en rapporter à la prudence des tribunaux qui doivent apprécier les motifs qui peuvent empêcher le non-présent de faire savoir où il est. Lorsqu'un silence prolongé rend son retour plus incertain, que ses affaires souffrent de l'absence de leur maître, les inquiétudes sur son sort deviennent plus graves, elles autorisent des mesures à prendre : d'une part, dans l'intérêt de l'absent, puisqu'il peut reparaître d'un jour à l'autre et il lui importe qu'on ait soin de sa fortune ; de l'autre, dans l'intérêt de ceux qui ont des droits subordonnés à la condition de son décès, car bien que dans cette période l'absent soit plutôt présumé vivant que mort, il y a néanmoins incertitude complète entre sa vie ou son décès.

S'il y a nécessité de pourvoir à l'administration de tout ou partie des biens laissés par une personne présumée absente et qui n'a point de procureur fondé, il y sera statué par le tribunal de première instance sur la demande des parties intéressées (art. 112). Le juge a donc un pouvoir discrétionnaire sur l'appréciation du temps qui s'est écoulé depuis la disparition, ainsi qu'à l'égard des motifs et des causes qui ont pu empêcher d'avoir des nouvelles de l'individu présumé absent [1]. Mais la présomption d'absence ne suffit pas encore à la justice pour s'immiscer dans les affaires d'un citoyen, la loi dit formellement qu'il faut qu'il y ait *necessité*, et comme le législateur ne pouvait prévoir ni définir tous les cas où cette nécessité existe, il en a laissé au juge l'appréciation ; celui-ci devra prononcer sur la demande des parties intéressées ou à la réquisition du ministère public (art. 112 et 114 C. civ. et 83-7° C. de pr). Par *parties intéressées*, on doit entendre ici seulement les individus qui ont un intérêt né et actuel à la conservation des biens, car l'absent n'étant pas considéré comme mort, la loi ne s'occupe maintenant que de ses intérêts personnels et pas encore de ceux des personnes qui pourraient avoir des droits à sa succession.

[1] Il peut aussi arriver que des mesures conservatoires soient prises sans qu'il y ait présomption d'absence et malgré la certitude que l'on a de l'existence de celui qui a disparu. C'est ce qui résulte de l'art. 131 :

« Si l'absent reparaît, ou si son existence est prouvée pendant l'envoi provisoire, « les effets du jugement qui aura déclaré l'absence cesseront, sans préjudice, s'il y « a lieu, des mesures conservatoires prescrites au chap. Ier du présent titre pour « l'administration de ses biens. »

Il n'y a qu'un seul cas qui ait été prévu par le législateur : c'est celui où le présumé absent se trouverait intéressé dans des inventaires, comptes, partages ou liquidations ; alors il veut qu'il soit représenté par un notaire (art 113). Il ne s'agit ici évidemment que d'une succession ouverte avant le départ de l'absent, car, d'après l'art. 136, celles qui viendraient à s'ouvrir depuis son départ doivent être recueillies par ses cohéritiers ou ceux qui devraient succéder à son défaut, puisque son existence n'est pas reconnue. Ce notaire sera nommé par le tribunal de première instance ; s'il y a plusieurs absents, qui aient les mêmes intérêts, il pourra les représenter tous (art. 942, C. de pr.). N'étant commis que pour représenter l'absent dans certains actes de gestions, il devra se renfermer dans les limites tracées au mandataire ; il ne pourra donc ni aliéner, ni hypothéquer, ni transiger (art. 1988, 1989).

Les art. 838, 839 et 840 complètent les dispositions de l'art. 113, en décidant que les partages ou les licitations avec un absent représenté par un notaire, ne pourront être faits qu'en justice, et dans ce cas seulement seront définitifs, sinon ils ne seront que provisionnels.

Quant à la mission du ministère public relativement aux présumés absents, elle est réglée par l'art. 114 ; *le ministère public*, dit cet article, *est spécialement chargé de veiller aux intérêts des personnes présumées absentes ;* conséquemment il doit agir d'office et peut former toutes les demandes qu'il juge à propos, pour obtenir du tribunal de prendre les mesures conservatoires qu'il croit nécessaires aux biens de l'absent, il est alors partie principale ; *et il sera entendu sur toutes les demandes qui les concerne*, ici il n'est plus que partie jointe ; ce second paragraphe de l'article lui impose seulement l'obligation de contredire ou appuyer selon qu'il le juge convenable, les demandes formées par les tiers contre le présumé absent.

La loi ne voulant s'immiscer dans les affaires du présumé absent que lorsqu'il y a nécessité absolue de pourvoir à l'administration de ses biens, elle n'a pas dû s'en occuper, si en partant il a manifesté son intention de s'absenter pour quelque temps en confiant cette administration à un fondé de pouvoir; mais si les fonctions de ce dernier venaient à cesser par un événement quelconque, on rentrerait alors dans l'hypothèse où l'absent part sans laisser de procuration : c'est le cas qui est prévu par l'art. 112.

Le Code ne dit pas à quel tribunal doit être portée la demande; mais il semble que cette question de présomption d'absence doit être jugée par le tribunal du domicile de l'absent, et s'il n'en a pas de connu par celui de sa dernière résidence; c'est là où l'on sera le plus à même d'apprécier les circonstances de l'absence. Mais une fois cette question décidée, le tribunal devra renvoyer l'exécution devant les différents tribunaux dans le ressort desquels sont situés les biens.

Cet état de présomption d'absence peut se prolonger, dix, quinze, vingt ans et plus ; il ne cessera que par la réapparition de la personne, la réception de ses nouvelles, ou sa déclaration d'absence.

DEUXIÈME PÉRIODE.

DE LA DÉCLARATION D'ABSENCE.

Section I. *Du jugement qui prononce la déclaration d'absence.*

Anciennement il n'y avait pas de jugement de déclaration d'absence; lorsqu'un individu avait disparu depuis longtemps de son domicile, les héritiers se procuraient un acte de notoriété constatant l'absence, et après un délai qui variait suivant les coutumes, on les envoyait en possession des biens de l'absent : le délai généralement observé était dix ans à partir du jour de la disparition ou des dernières nouvelles; il y avait cependant certaines coutumes qui ne le fixaient qu'à sept ans.

Lorsqu'il s'est écoulé un certain nombre d'années sans qu'on ait eu des nouvelles d'un individu présumé absent, on suppose naturellement que son silence a des causes extraordinaires; il s'élève alors deux présomptions contraires, l'une de la mort motivée par le défaut de nouvelles, et l'autre de la vie motivée par le cours ordinaire de la nature; il s'ensuit nécessairement une incertitude complète sur son sort. C'est donc maintenant que les tribunaux vont décider la question importante qui a pour objet la déclaration d'absence.

Quant au temps que la loi veut qu'il se soit écoulé depuis la disparition ou les dernières nouvelles jusqu'à la déclaration d'absence, il est subordonné à l'existence d'une procuration laissée par l'absent à un fondé de pouvoir; s'il n'en existe pas, la déclaration pourra être demandée après quatre ans (art. 115); s'il en existe une elle fait naturellement présumer de la part de l'absent l'intention de rester longtemps hors de son domicile, le terme a donc dû être plus long; aussi ce ne sera qu'après dix ans révolus que la déclaration pourra être demandée (art. 121).

Dans l'hypothèse où l'absent a laissé une procuration, différents cas peuvent se présenter : ou bien cette procuration à été donnée pour plus de dix ans; ou bien elle a été donnée pour moins de dix ans; ou bien enfin elle vient à cesser avant l'époque à laquelle l'absent avait fixé son expiration.

L'art. 121 dit simplement : *si l'absent a laissé une procuration*, etc.; le législateur ne distinguant pas si la procuration a été donnée pour un temps qui excède ou qui n'excède pas dix ans, il en résulte, que quoi qu'il en soit, la demande en déclaration peut être formée après les dix ans révolus à partir du jour de la disparition ou des dernières nouvelles. D'ailleurs il fallait bien assigner une limite à la procuration donnée par un individu qui quitte son domicile, sans quoi elle serait devenue un moyen sinon de deshériter du moins de frustrer les héritiers, en reculant l'époque à laquelle ils doivent entrer en jouissance. « *Si c'est un acte à cause de mort* a dit M. Proudhon, *il lèse l'héritier; si c'est un acte entre-vifs, il ne peut durer que tant que dure la preuve de la vie de l'absent.* »

Dans le cas où la procuration aurait été donnée pour moins de dix ans; quand la déclaration d'absence pourra-t-elle être demandée? Celui qui en partant confie ses affaires à un fondé de pouvoir manifeste évidemment l'intention de revenir à l'époque qu'il fixe pour terme à la procuration; mais si à cette époque on ne le voit pas reparaître, c'est seulement alors que des doutes s'élèvent sur son existence, et il est tout à fait dans la position du présumé absent; nous croyons donc que ses biens devront être soumis aux mêmes lois que ceux de ce dernier (art. 112), et ce ne serait alors que quatre ans après l'expiration de la procuration qu'on pourrait demander la déclaration d'absence.

Enfin si la procuration vient à cesser avant l'époque que l'absent avait fixé pour son expiration, ce ne sera encore qu'après les dix ans révolus depuis sa disparition ou ses dernières nouvelles, que la déclaration d'absence pourra être demandée. Il est bien évident que la cessation de cette procuration qui n'a eu lieu que par un fait particulier et inhérent à la personne du fondé de pouvoir, ne doit rien changer aux inductions qu'avait fait naître la volonté de l'absent, volonté qu'il avait clairement manifestée en laissant une procuration lors de son départ. Le législateur a donc dû décider que la demande en déclaration ne serait recevable qu'à l'expiration des dix ans (art. 122), et qu'il serait pourvu depuis la cessation de la procuration aux affaires urgentes de la manière réglée pour ceux qui ne sont que présumés absents.

L'art. 115 porte: *Les parties intéressées pourront se pourvoir,* etc. Il est essentiel de remarquer que cette expression *parties intéressées* ne doit pas être prise dans le même sens que lorsqu'il s'agissait de la présomption d'absence. En effet, le but de la déclaration d'absence étant de faire passer les biens de l'absent entre les mains de ses héritiers présomptifs, ce sont eux et tous ceux qui ont des droits subordonnés à la condition de son décès qui pourront la demander; des créanciers, des associés, par exemple, n'auraient pas qualité pour le faire, ils ne sont pas habiles à succéder à l'absent[1]. Pour cela ils se présenteront devant le tribunal du domicile de l'absent; sur leur requête à laquelle devront être joints les documents et pièces s'il en existe, le tribunal ordonnera, s'il y a lieu, une enquête qui sera faite contradictoirement avec le procureur du roi, dans l'arrondissement du domicile de l'absent, et dans celui de sa résidence s'ils sont distincts (art. 116). Le tribunal pourra entendre les parents de l'absent, car il n'est pas tenu de décider d'après les dépositions des témoins, dont il pourra ne se servir qu'à titre de renseignements. Le jugement qui ordonne l'enquête est envoyé aussitôt par le procureur du roi au ministre de la justice qui le rend public par son insertion au *Moniteur* (art. 118), afin d'avertir l'absent de ce qui se passe et lui faire savoir qu'il est de son intérêt de donner de ses nouvelles; en outre, pour lui donner le temps de répondre à cet appel solennel qui lui est fait, la loi veut qu'il y ait un intervalle d'un an entre le jugement qui ordonne l'enquête et celui qui déclare l'absence (art. 119). Au reste, les tribunaux ont la plus grande latitude à l'égard de ce qui concerne les absents; la loi ne les oblige pas à prononcer la déclaration d'absence par la seule raison que depuis un certain temps on n'a pas de nouvelles d'un individu; elle a laissé à la conviction et à la conscience du juge à décider si les circonstances caractérisent l'absence (art. 117).

Section II. *De l'envoi en possession provisoire.*

Une fois l'absence déclarée, la présomption de la mort triomphe nécessairement; il a donc fallu songer à l'administration des biens

[1] On a agité au conseil d'État la question de savoir si l'on devait accorder aux héritiers d'un degré postérieur le droit de provoquer la déclaration d'absence lorsque ceux du premier degré négligeraient de le faire. Le jurisconsulte Tronchet répondit que ce droit devait appartenir à tout parent, quel que fût son degré.

délaissés; il était utile à l'absent que la surveillance de sa fortune fût déférée à ceux qui ont le plus grand intérêt à la conserver; les héritiers présomptifs se sont présentés avec un titre naturel de préférence. Parmi les héritiers présomptifs, sera-ce ceux qui étaient habiles à succéder au jour de la disparition ou des dernières nouvelles qui seront recevables à demander l'envoi en possession provisoire des biens de l'absent; ou bien ceux qui occupent le premier rang de successibilité au temps de la demande en déclaration d'absence?

Lorsqu'un homme a disparu et que toutes les informations prises sur son compte tendent à faire penser qu'il peut être mort, cette présomption de mort reporte naturellement au moment de sa disparition, soit parce qu'il n'y a aucune preuve qu'il ait vécu depuis pour balancer la présomption contraire, soit parce qu'il serait impossible de trouver aucun fait certain qui pût fixer une époque précise à son décès présumé; d'ailleurs comme nous l'avons déjà dit, l'absent n'est présumé ni vivant, ni mort, aux yeux de la loi: le Code devait donc préférer les héritiers présomptifs au jour de la disparition ou des dernières nouvelles (art. 120); car, si d'autres voulaient les exclure en alléguant leur successibilité lors de la déclaration ou à une autre époque intermédiaire, ils seraient obligés de prouver que l'absent était encore vivant à l'époque à laquelle ils sont en droit d'exclure ceux qui étaient habiles à succéder au jour de la disparition ou des dernière nouvelles; en effet, c'est à ceux qui ont intérêt qu'il fût vivant à une certaine époque de prouver que vraiment il vivait, suivant la maxime *ei incumbit probatio qui dicit.* Le droit de demander l'envoi en possession provisoire appartiendra donc aussi conséquemment aux héritiers ou ayant-cause des héritiers présomptifs au jour de la disparition ou des dernières nouvelles. D'où il résulte, que s'il s'agit de parents collatéraux, même ceux à l'égard desquels la représentation n'est pas admise, le plus éloigné au temps de la déclaration d'absence ne doit pas être exclu par les plus proches, si son auteur avait dû en cas de vie, concourir avec ceux-ci, ou les exclure, dans le cas où la succession aurait été ouverte par le décès de l'absent au temps de sa disparition ou de ses dernières nouvelles.

Quant à l'époque à laquelle l'envoi en possession provisoire peut avoir lieu, nous ne répéterons pas ce que nous avons dit précédemment au sujet de la demande en déclaration d'absence; il suffit de savoir qu'une fois le jugement de déclaration prononcé, rien n'arrête plus l'envoi provisoire; par conséquent la procuration laissée par l'absent n'influe pas directement sur l'époque de cet envoi, elle modifie seulement celle du jugement de déclaration d'absence.

Pour faire prononcer le jugement qui doit ordonner l'envoi en possession provisoire des biens de l'absent, les héritiers se présenteront munis de l'expédition du jugement de déclaration d'absence devant le tribunal qui l'a rendu. Nous disons devant le tribunal qui l'a rendu, parce que, d'après l'art. 123 la loi considère évidemment comme ouverte la succession de l'absent, et le lieu de l'ouverture de la succession est déterminé par le domicile du défunt (art. 110, Code civil et art. 59, al. 5 du Code de pr.). Au reste, ce jugement peut être prononcé en même temps que celui de déclaration d'absence, si ceux qui ont provoqué ce dernier ont demandé l'envoi en possession provisoire par leurs conclusions; cette opinion a été consacrée par un arrêt de la Cour de cassation du 17 novembre 1808.

Les droits de ceux à qui la loi permet de demander l'envoi en possession provisoire sont néanmoins subordonnés à d'autres droits que la justice et l'équité mettaient en première ligne; nous voulons parler de ceux de l'époux commun en biens. En effet, puisque l'absence, quelque prolongée qu'elle soit, ne peut jamais dissoudre le mariage, elle ne doit rien changer à la condition de l'époux présent; lorsqu'il est marié sous le régime de la communauté, on a donc dû lui laisser l'option pour la continuation de la société, afin de ne pas lui enlever les avantages qu'il peut en tirer. Il peut s'opposer à l'envoi provisoire et l'exercice provisoire de tous les droits subordonnés à la condition du décès de l'absent, et prendre (si c'est la femme) ou conserver (si c'est le mari) par préférence l'administration des biens de l'absent (art. 124). *L'époux commun en biens* porte le texte : il est par conséquent indifférent que la communauté soit légale ou conventionnelle, qu'elle comprenne tout le mobilier présent et futur des époux, ou qu'elle soit simplement réduite aux acquêts, qu'elle doive être partagée par égale portion ou non. Dans le cas où le conjoint présent demanderait la dissolution provisoire de la communauté, l'envoi en possession provisoire des biens de l'absent aurait lieu comme si le mariage avait été contracté sous le régime dotal, et si c'est la femme qui a disparu, les héritiers pourront demander la restitution de la dot.

En cas d'absence de la femme, les pouvoirs du mari sont les mêmes que ceux qu'il avait avant sa disparition sur tout ce qui fait partie de la communauté ; il peut en vendre ou hypothéquer les immeubles ; mais quant à l'administration de tout ce qui appartient personnellement à la femme, les droits du mari sont assimilés à ceux d'un envoyé en possession provisoire, et réglés par l'art. 126. Comme lui, il est tenu de faire procéder à l'inventaire du mobilier et des titres de la femme, ainsi que nous le verrons plus loin. Il est bien entendu que le mari ne pourrait renoncer à la communauté en fraude des intérêts des créanciers s'il y en a ; c'est lui qui devait l'administrer, et par conséquent il doit être responsable de ses dettes.

En cas d'absence du mari, la femme est entièrement assimilée à un envoyé en possession provisoire ; elle a, comme la veuve, un délai de trois mois pour faire inventaire, et de quarante jours pour délibérer, avant d'opter entre la dissolution ou la continuation de la communauté ; elle reprendra l'administration de ses propres, les objets entrés de son chef dans la communauté si elle renonce et que cette reprise ait été stipulée en cas de renonciation (art. 1514), et sa part dans la communauté si elle l'accepte (art. 1474). Elle a la libre administration des biens de la communauté, des siens et de ceux de son mari, mais elle ne peut faire que les actes relatifs à cette administration ; l'autorisation de justice lui est nécessaire pour transiger, ester en jugement, vendre ou hypothéquer les immeubles (art. 215, 222).

La femme, en optant pour la continuation de la communauté, conserve le droit d'y renoncer plus tard (art. 124) ; il aurait été injuste de la forcer à supporter les charges d'une communauté que son mari a obéré de dettes qu'elle a pu ne connaître qu'après son acceptation ; mais la même faculté n'est pas accordée au mari ; il est facile d'en comprendre le motif.

Si l'époux absent n'a laissé ni enfants naturels reconnus, ni parents au degré successible, le conjoint présent peut demander l'envoi en possession provisoire (art. 140, 767).

Nous avons dit quelles sont les personnes qui peuvent demander l'envoi en possession provisoire ; voyons maintenant à quels biens s'étend cet envoi.

Aux termes de l'art. 120 on pourra se faire envoyer en possession *des biens qui appartenaient à l'absent au jour de sa disparition ou de ses dernières nouvelles ;* d'où il suit que tout ce qui aurait pu lui échoir depuis, ne peut être l'objet de la possession provisoire des héritiers présomptifs. Il y a cependant certains cas où ceux-ci peuvent obtenir l'envoi provisoire de choses qu'il ne possédait pas encore lorsqu'il a disparu : tel est par exemple celui d'un bien qui devait lui appartenir après l'accomplissement d'une certaine condition, si cette condition vient à s'accomplir pendant son absence ; car la condition accomplie a un effet rétroactif au jour auquel l'engagement a été contracté (art. 1179). Tel est aussi le cas où, après la liquidation d'une succession qui, en vertu de l'art. 136[1], aurait été dévolue ex-

[1] Art. 136. « S'il s'ouvre une succession à laquelle soit appelé un individu dont « l'existence n'est pas reconnue, elle sera dévolue exclusivement à ceux avec les« quels il aurait eu le droit de concourir ou à ceux qui l'auraient recueilli à son défaut. »

clusivement aux cohéritiers de l'absent, on vient à apprendre que celui-ci vivait encore lors de l'ouverture de cette succession et n'est mort que depuis, ses héritiers et en général tous ceux qui sont appelés à exercer des droits de son chef pourront venir les réclamer, en rapportant la preuve qu'il a survécu à leur ouverture, et leurs actions ne s'éteindront que par le laps de temps établi pour la prescription (art. 137).

Il nous reste à parler maintenant des obligations qu'engendre l'envoi en possession provisoire; pour cela nous considérerons ceux qui en jouissent sous trois points de vue : à l'égard de l'absent, entre eux, et à l'égard des tiers.

A. *Position des envoyés en possession provisoire à l'égard de l'absent.*

La possession provisoire ne sera qu'un dépôt qui donnera à ceux qui l'obtiendront l'administration des biens de l'absent, et qui les rendra comptables envers lui en cas qu'il reparaisse ou qu'on ait de ses nouvelles (art. 125). C'est de ce principe que découlent toutes les obligations des possesseurs provisoires.

Ils sont tenus de donner pour sûreté de leur administration une caution (art. 120, 123) qui sera reçue dans les formes judiciaires (art. 517 et suiv. du C. de pr. et art. 2040 C. c.), et dont la solvabilité devra être contestée par le procureur du roi (art. 113). L'époux qui a opté pour la dissolution provisoire de la communauté, est tenu aussi de fournir caution en exerçant ses reprises et ses droits légaux et conventionnels, mais seulement pour les choses susceptibles de restitution (art. 124).

Ils sont en outre tenus de faire procéder à l'inventaire du mobilier et des titres de l'absent, en présence du procureur du roi près le tribunal de première instance ou d'un juge de paix requis par ledit procureur du roi (art. 126, al. 1), car si l'absent reparaît, ils lui en devront la restitution. Le Code laisse à la prudence du tribunal la faculté d'ordonner la vente de tout ou partie du mobilier s'il le juge à propos pour l'intérêt de l'absent; dans ce cas il sera fait emploi du prix au profit de ce dernier, ainsi que des fruits échus depuis la disparition jusqu'au moment de l'envoi en possession (art. 126, al. 2).

Ceux qui auront obtenu l'envoi provisoire, pourront pour leur sûreté, requérir qu'il soit procédé par un expert nommé par le tribunal à la visite des immeubles, afin d'en constater l'état. Son rapport sera homologué en présence du procureur du roi; les frais en seront pris sur les biens de l'absent (art. 126, al. 3). Sans cette précaution les envoyés seraient supposés avoir reçu les immeubles en bon état et devraient les rendre de même (art. 1731).

B. *Position des envoyés en possession provisoire entre eux.*

Lorsqu'il y a plusieurs envoyés en possession provisoire, ils ont la faculté de partager les biens de l'absent dont ils ont la jouissance; car nul ne peut être contraint à demeurer dans l'indivision (art. 815). Il est bien entendu que ce partage ne peut être que provisoire et toujours résoluble en cas de retour de l'absent ou si on reçoit de ses nouvelles.

C. *Position des envoyés en possession à l'égard des tiers.*

L'un des principaux effets de l'envoi en possession est de transporter toutes les actions actives et passives de l'absent sur la tête de ceux qui jouissent provisoirement de ses biens; d'où il résulte, qu'une fois la déclaration d'absence prononcée, toute personne qui aurait des droits à exercer contre l'absent, ne peut les poursuivre que contre ceux qui ont été envoyés en possession de ses biens ou qui en ont l'administration légale (art. 134).

De même aussi les envoyés peuvent exercer toutes les actions qui compètent à l'absent, l'art. 817 les autorise à provoquer le partage des biens indivis entre l'absent et d'autres copropriétaires. Ne pouvant faire l'inventaire des biens de l'absent qu'après avoir obtenu l'envoi provisoire, ce n'est qu'après avoir pris possession qu'ils peuvent connaître l'état de ses affaires; il est donc juste de les assimiler à ceux qui acceptent une succession sous bénéfice d'inventaire et de leur accorder les droits que donne l'art. 802 à l'héritier bénéficiaire; comme lui ils ne sont pas tenus *ultrà vires hæreditatis.*

Cessation de l'absence avant l'envoi en possession définitif. Ceux qui ont joui des biens de l'absent par suite de l'envoi provisoire ou de l'administration légale seront tenus de lui rendre : le cinquième des revenus, s'il reparaît avant quinze ans révolus depuis le jour de sa disparition; et le dixième s'il ne reparaît qu'après quinze ans (art. 127). Cette retenue accordée aux héritiers, légataires, donataires et conjoint présent était juste et nécessaire pour les indemniser des soins de leur administration, et elle augmente, comme on le voit, à mesure que le retour de l'absent devient plus incertain; ils peuvent même retenir la totalité des revenus après trente ans (art. 127, al. 2), parce qu'alors tout espoir de retour est à peu près perdu.

Si l'existence de l'absent est prouvée, les effets du jugement qui a déclaré l'absence cessent immédiatement (art. 131). Ainsi, à dater du jour de ses nouvelles reçues, les envoyés cessent d'acquérir les quatre cinquièmes ou les neuf dixièmes des revenus de l'absent, et ils seront tenus de restituer les fruits dans les proportions ci-dessus. Si on apprend que l'absent est décédé depuis sa disparition, sa succession est ouverte du jour de son décès prouvé au profit des héritiers les plus proches à cette époque (art. 130); donc, si ceux qui ont été envoyés en possession, et qui par conséquent étaient héritiers présomptifs à l'époque de la disparition ou des dernières nouvelles, sont encore les plus proches successibles au moment du décès qui donne ouverture à la succession, rien ne sera changé, et ce qui n'était que provisoire deviendra définitif; mais, si au contraire ils ne sont plus, ou si partie d'entre eux ne sont plus héritiers présomptifs à l'époque du décès, les biens devront être rendus à ceux qui les excluent sous la réserve des fruits acquis en vertu de l'art. 127.

Section III. *De l'envoi en possession définitif.*

Pour obtenir l'envoi en possession définitif, les héritiers ou successeurs présomptifs de l'absent s'adresseront au même tribunal qui a prononcé l'envoi provisoire; celui-ci ordonnera une enquête qui sera faite contradictoirement avec le procureur du roi, dans le but de constater que depuis le dernier jugement l'absence a continué; la preuve de ce fait est à la charge du demandeur.

Le temps après lequel la possession définitive peut être demandée, a été fixé par les rédacteurs du Code à trente ans à partir de l'envoi provisoire, ou cent ans à partir du jour de la naissance de l'absent (art. 129); d'où il résulte que le concours de ces deux circonstances n'est pas nécessaire. Ainsi il suffirait que cent ans se fussent écoulés à partir du jour de la naissance de l'absent, pour pouvoir prononcer l'envoi définitif, quand même il n'y aurait pas encore trente ans écoulés depuis le jugement d'envoi provisoire.

A dater du jour de l'envoi définitif, les envoyés qui jusqu'alors n'étaient que dépositaires deviennent propriétaires; ils peuvent partager, hypothéquer, vendre tout ce qui appartient à l'absent; toutefois leur propriété est résoluble en cas de retour de celui-ci, et à quelque époque qu'il reparaisse, sans qu'ils puissent jamais lui opposer aucune prescription, car ils ne possèdent qu'à titre d'héritiers, et leur titre s'évanouit quand il est prouvé que l'absent est vivant, *viventis non datur hæreditas.*

Néanmoins, l'absent ne peut recouvrer ses biens que dans l'état où ils se trouvent à l'instant où il reparaît, et quant à ceux qui ont été aliénés, il n'en peut demander que le prix ou les biens provenant de l'emploi qui en a été fait (art. 132). Pour ce qui est des revenus perçus par les héritiers, ils leur sont irrévocablement acquis jusqu'au moment où l'absent a reparu ou donné de ses nouvelles. Néanmoins il est certain que l'absent a droit de réclamer les revenus ou fermages arriérés encore dus par les fermiers ou débiteurs, ainsi que ceux que les héritiers auraient perçus depuis son retour, puisqu'il reprend ses biens *dans l'état où ils se trouvent à l'instant où il reparaît.*

Les enfants et descendants directs de l'absent peuvent demander la restitution de ses biens dans les trente ans à compter de l'envoi définitif (art. 133), mais après ce délai ils ne seront plus recevables. En effet, cet envoi étant un titre de propriété pour les collatéraux, ils ont possédé pendant le plus long temps requis pour la prescription, ils peuvent donc l'opposer aux descendants de l'absent, dont l'action est une pétition d'hérédité qui ne peut durer que trente ans. La prescription ne pourrait courir contre les enfants pendant leur minorité (art. 2252) : elle ne pourrait avoir lieu non plus si ceux-ci prouvaient que l'envoi définitif a été frauduleux ; dans le cas par exemple où ceux qui l'ont obtenu auraient reçu des nouvelles de l'absent et auraient gardé le silence. Si les héritiers s'étaient bornés à l'envoi provisoire et n'avaient pas provoqué l'envoi définitif, ils ne seraient toujours considérés que comme dépositaires et ne pourraient par conséquent jamais invoquer la prescription, car pour prescrire il faut avoir possédé *animo domini.*

Les héritiers qui n'auraient pas concouru à l'envoi provisoire peuvent néanmoins concourir à l'envoi définitif, pourvu qu'ils forment leur demande avant le jugement qui le prononce.

APPENDICE.

DE L'ABSENCE DES MILITAIRES.

La position où se trouvaient un grand nombre de citoyens par suite de la disparition de militaires ou employés aux armées de terre ou de mer dont on n'avait pas de nouvelles, a fait sentir souvent la nécessité d'établir des règles exceptionnelles pour protéger les intérêts des absents et des familles ; aussi a-t-elle donné lieu à des lois spéciales, antérieurement et postérieurement à la promulgation du Code civil. Nous remarquerons principalement :

1° Un décret du 11 ventôse an II (1er mars 1794), relatif aux scellés apposés après le décès d'une personne dont les héritiers sont au service de l'État. Ce décret porte qu'immédiatement après l'apposition des scellés, le juge de paix en avertira le ministre de la justice ainsi que les héritiers, s'il connaît le corps dans lequel ils servent. Si dans le délai d'un mois l'héritier ne donne pas de ses nouvelles ou n'envoie pas de procuration, on convoque un conseil de famille ou d'amis de l'absent pour lui nommer un curateur. Ce curateur provoquera la levée des scellés, l'inventaire du mobilier et même la vente s'il le juge à propos, à charge par lui de rendre compte du prix à l'absent.

Les dispositions de cette loi sont communes aux officiers de santé et tous autres citoyens attachés au service des armées ; loi du 16 fructidor an II (2 septembre 1794).

2° Une ordonnance du roi, du 3 juillet 1816, qui détermine un mode pour faire déclarer l'absence, et constater le décès des militaires et employés aux armées disparus depuis le 21 avril 1792 jusqu'au 20 novembre 1815. Ce mode consiste en une requête présentée par les parties intéressées, tendant à faire déclarer l'absence ou le décès ; cette requête est envoyée à la diligence du procureur du roi au ministre de la guerre, qui lui donne toute la publicité possible et qui transmet ensuite les renseignements s'il en a recueillis. Alors, s'il y a lieu, le tribunal du domicile de l'absent peut déclarer l'absence et prononcer l'envoi en possession provisoire.

3° Enfin une loi du 13 janvier 1807, qui a abrogé implicitement celle du 3 juillet 1816, est la plus récente ; elle prescrit pour la déclaration d'absence des militaires des délais moins longs et des formes moins dispendieuses que dans les cas ordinaires ; elle porte que, lorsqu'un marin ou un militaire en activité pendant les guerres qui ont eu lieu depuis le 21 avril 1792 jusqu'au traité de paix du 20 novembre 1815, aura cessé de paraître avant cette dernière époque à son corps et au lieu de son domicile ou de sa résidence, ses héritiers présomptifs ou son conjoint peuvent, à dater de la promulgation de la présente loi, se pourvoir au tribunal de son dernier domicile pour faire déclarer son absence (loi du 13 janvier 1817, art. 1er). Le procureur du roi transmettra la requête et les pièces à l'appui au ministre de la guerre ou de la marine (*id.* art. 2, Code civil art. 118). Le tribunal rejetera la demande s'il résulte des renseignements recueillis que l'individu existe ; si son existence n'est que présumée, l'instruction sera ajournée pendant un délai qui ne pourra excéder une année ; le tribunal pourra ordonner les enquêtes prescrites par l'art. 116 du Code civil, pour confirmer les présomptions d'absence. Enfin, l'absence pourra être déclarée ou sans autre instruction, ou après ajournement et enquête, s'il est prouvé que l'individu a disparu sans qu'on ait eu de ses nouvelles, depuis deux ans quand le corps ou l'équipage dont il faisait partie servait en Europe, et depuis quatre ans quand le corps ou l'équipage se trouvait hors de l'Europe (loi du 13 janvier 1817, art. 4). La preuve testimoniale du décès pourra être admise conformément à l'art. 46 du Code civil.

Du reste, les militaires sont restés soumis au droit commun dans tous les points pour lesquels il n'y a pas été dérogé par des lois particulières.

DROIT COMMERCIAL.

DE LA NOMINATION ET DU REMPLACEMENT DES SYNDICS[1] PROVISOIRES DE LA FAILLITE.

Avant la promulgation de la loi du 28 mai 1838, le cours de la faillite se divisait en trois périodes bien distinctes. Dans la première on posait des mesures provisoires, dans la seconde des mesures plus avancées, dans la troisième les mesures étaient définitives.

Dans la première période, ces mesures étaient prises par le même jugement qui ordonnait l'apposition des scellés et déclarait l'époque de l'ouverture de la faillite, le tribunal nommait un ou plusieurs *agents*, suivant l'importance de la faillite, pour remplir, sous la surveillance du juge-commissaire, les fonctions qui leur étaient attribuées (art. 454). Ces agents géraient la faillite jusqu'à la nomination des syndics; leur gestion provisoire ne pouvait durer que quinze jours au plus, à moins que le tribunal ne jugeât nécessaire de la prolonger de quinze jours pour tout délai (art. 459). Ces agents étaient révocables par le tribunal qui les avait nommés (art 460), et ne pouvaient remplir aucune fonction avant d'avoir prêté ser-

[1] Συν, δίκος.

ment devant le juge-commissaire de s'acquitter fidèlement des fonctions qui leur étaient attribuées (art. 461).

Pendant la seconde période, les mesures que l'on prenait n'étaient plus simplement provisoires; cependant elles n'avaient encore rien de définitif, et les créanciers n'étaient appelés que *créanciers présumés*. Ces créanciers réunis présentaient au juge-commissaire une liste triple du nombre des syndics provisoires qu'ils estimaient devoir être nommés; le tribunal de commerce choisissait parmi ces candidats et nommait (art. 480). Les agents devaient cesser leurs fonctions dans les vingt-quatre heures qui suivaient la nomination des syndics provisoires, et leur rendre compte en présence du juge-commissaire de toutes leurs opérations et de l'état de la faillite (art. 481). Ils avaient droit à une indemnité qui leur était payée par les syndics provisoires, à moins cependant qu'ils ne fussent créanciers (art. 483 et 485). Les syndics provisoires étaient chargés de la liquidation de la faillite, ils devaient faire lever les scellés et procéder à l'inventaire, s'occuper de la vente des marchandises et meubles, et des recouvrements; ils devaient aussi faire tous les actes conservatoires nécessaires, et enfin procéder sous la surveillance du juge-commissaire à l'affirmation de toutes les créances produites. Dans les trois jours après l'expiration des délais prescrits pour l'affirmation des créanciers connus, les créanciers dont les créances avaient été admises, étaient convoqués par les syndics provisoires (art. 514). Ceux-ci devaient rendre compte de l'état de la faillite, des formalités qui avaient été remplies et des opérations qui avaient eu lieu (art. 517). Les créanciers délibéraient alors; d'après le résultat de la délibération, ou les créanciers s'arrangeaient avec le failli et alors ils lui accordaient un *concordat*; ou ils ne s'arrangeaient pas et formaient un *contrat d'union*; si le concordat avait lieu, la faillite n'avait pas de troisième période, car il n'y avait pas lieu de nommer des syndics définitifs. Une fois l'homologation du tribunal obtenue, les syndics provisoires rendaient leur compte au failli en présence du juge-commissaire, et lui remettaient l'universalité de ses biens, ses livres, papiers, effets, et leurs fonctions expiraient aussitôt (art. 525).

Mais s'il n'intervenait pas de traité, et si les créanciers[1] assemblés formaient à la majorité individuelle des créanciers présents un contrat d'union, ils devaient nommer un ou plusieurs syndics définitifs (art. 527). Ces syndics représentaient la masse des créanciers, ils procédaient à la vérification du bilan, s'il avait eu lieu. Ils poursuivaient en vertu du contrat d'union la vente des immeubles du failli, celles de ses marchandises et effets mobiliers, et la liquidation de ses dettes actives et passives (art. 528). Ces syndics comme on le voit, étaient nommés au commencement de la troisième période et ne cessaient leurs fonctions que lorsque toutes les opérations nécessaires à la liquidation complète étaient terminées.

Lorsque les créanciers avaient accordé un concordat au failli et que le tribunal avait refusé de l'homologuer, le failli était en prévention de banqueroute, et les créanciers se trouvaient de droit en état d'union et devaient nommer des syndics définitifs. Le devoir de ceux-ci était de se livrer aux opérations nécessaires à la liquidation de la faillite, comme s'il y avait eu un contrat d'union.

Cette marche simple, judicieuse et rationnelle de la faillite a été renversée par le système actuel; on avait pour but de simplifier encore ces opérations qui malgré la rapidité avec laquelle elles auraient dû s'effectuer, ne laissaient pas de donner naissance à des difficultés et des longueurs toujours nuisibles en pareille matière. Mais la nouvelle loi, loin de simplifier la liquidation des faillites et de rendre les opérations des syndics plus rapides et plus faciles, la nouvelle loi, disons-nous, a établi un système plus compliqué que l'ancien. Les rédacteurs de cette loi sont tombés dans les mêmes embarras que leurs prédécesseurs, il y aura toujours trois nominations de syndics,

[1] Ici il n'est plus question de *créanciers présumés* comme dans la période précédente; ce sont des *créanciers certains*.

et la loi du 28 mai 1838 est moins claire que celle du troisième livre du Code qu'elle a remplacé.

La faillite doit aujourd'hui être considérée comme se partageant en deux périodes bien distinctes. Les syndics provisoires, de même que les anciens agents qu'ils remplacent sous un autre nom, sont nommés par le jugement déclaratif de la faillite (loi du 28 mai 1838, art. 462, alin. 1). Le nombre n'en est pas fixé, mais il ne peut jamais dépasser trois (*ibid.* art. 462, alin. 5), comme celui des syndics définitifs. La loi en ne permettant pas de nommer plus de trois syndics, a eu pour but de prévenir les dépenses excessives auxquelles une adminstration composée d'un plus grand nombre de personnes n'aurait pas manqué d'entraîner, et si elle a cru qu'à une époque plus avancée de la faillite, trois personnes suffisaient pour en diriger les opérations, on ne peut admettre qu'il soit nécessaire d'en nommer un plus grand nombre dans un moment où la gestion des syndics est moins compliquée.

Sous l'empire de la loi de 1838, comme sous celui de l'ancienne loi, ces premiers syndics doivent être promptement remplacés; selon l'art. 459 du Code de 1807 la gestion des agents ne devait pas durer plus de quinze jours, à moins que le tribunal ne trouvât nécessaire de la prolonger de quinze autres jours; la nouvelle loi n'accorde plus le droit de proroger ce délai (loi du 28 mars 1838, art. 462, alin. 2).

Les créanciers doivent être consultés sur la nomination des syndics définitifs; pour cela le juge-commissaire doit les convoquer dans les quinze jours qui suivent le jugement déclaratif de la faillite; la loi nouvelle ne parlant pas du mode de convocation, il faut en conclure que l'on doit recourir aux dispositions de l'art. 476 de l'ancien Code de 1807, qui porte que cette convocation doit avoir lieu par lettres, affiches et insertions dans les journaux (art. 458 et 502 du Code de 1807).

Les créanciers se réuniront sous la présidence du juge-commissaire, et là les syndics provisoires présents devront être consultés sur la nomination des syndics définitifs; ils ne peuvent prendre part à cette nomination, ils peuvent seulement donner leur avis, qui est consigné sur le procès-verbal du juge-commissaire; ce procès-verbal est présenté au tribunal de commerce, qui a seul le droit de nommer les syndics (loi de 1838, art. 462 et 529). Les rédacteurs de la nouvelle loi ont cru ne pas devoir adopter ici le système du Code, qui, comme nous l'avons vu plus haut, donnait aux créanciers présumés le droit de présenter une liste de candidats. L'expérience avait démontré que ces listes de présentation étaient presque toujours faites dans l'intérêt du failli, ou dans celui de quelques créanciers au préjudice de la masse; on a pensé qu'il était plus sûr de confier ce droit au tribunal qui doit nécessairement agir avec plus d'impartialité, et pour l'intérêt de toutes les parties intéressées.

Les syndics provisoires peuvent être institués syndics définitifs; les juges ont toute latitude à cet égard, ils doivent agir selon les circonstances (loi de 1838, art. 462, alin. 3)[1].

Lorsque les syndics provisoires ne sont pas nommés syndics définitifs, ils doivent rendre compte à leurs successeurs. La loi a passé cet objet sous silence, mais le principe existe dans le droit commun, et on ne peut se dispenser d'appliquer cette règle dans le cas dont il s'agit. S'ils sont nommés syndics définitifs, ils ne devront rendre compte qu'à la fin de leur gestion.

Ces fonctions de syndics, qui sont souvent fort importantes, ne doivent pas être confiées à toute personne indistinctement. Autrefois on y admettait des individus qui ne présentaient pas toutes les garanties nécessaires, et même des parents qui souvent favorisaient le failli aux dépens des créanciers et rendaient quelquefois les faillites désastreuses. Cet abus a été réformé par la loi actuelle qui dé-

[1] Les syndics ainsi institués sont définitifs; cependant le tribunal de commerce pourra les remplacer dans certains cas déterminés (loi de 1838, art. 462, alin. 4, et art. 467).

fend de confier les fonctions de syndics aux parents du failli jusqu'au quatrième degré inclusivement (loi de 1838, art. 463).

Outre cette incapacité tout à fait relative, il y en a qui sont de droit commun, et par conséquent absolues ; un interdit, par exemple, ne pourrait être syndic.

Ces fonctions ne sont pas obligatoires, et on peut se dispenser de les accepter; mais une fois qu'on s'en est chargé on ne saurait y renoncer, on est engagé comme mandataire.

L'art. 461 du Code de 1807 exigeait que les syndics prêtassent serment entre les mains du juge-commissaire avant d'entrer en fonctions ; mais la nouvelle loi ne parlant pas de ce serment, nous pensons qu'il n'est pas nécessaire.

Nous avons dit précédemment que le nombre des syndics provisoires ne pouvait dépasser trois : cette disposition s'applique aussi aux syndics définitifs ; la nécessité de ne pas mettre en présence un trop grand nombre d'administrateurs qui peut-être ne s'entendraient pas, a motivé cette disposition.

JUS ROMANUM.

DE POSTLIMINIO.

I.

Qui ab hostibus captus fuit, omnia sua recuperat jura, et in pristinum restituitur statum cum deinde in patriam revertitur. Hoc quidem jus vocatur *postliminium*. L. 19, ff. de captiv. et de postl.

II.

Qui ab hostibus capti sunt, jure postliminii fruuntur omnes milites aut cives cujuscumque sexûs conditionisve sint.

III.

Hoc autem jure uti non possunt, qui victi se dediderunt, vel sponte civitatem deseruerunt ut ad alienos se reciperent.

IV.

Postliminii jus obtinent capti, qui, vel solutâ peccuniâ, vel commercio liberati fuerunt.

V.

Hoc jure fruuntur quoque omnes qui captivorum commutatione liberati fuerunt, aut vi vel fraude hostium potestatem evasuerunt, et omnes quos hostes libenter in libertatem vindicaverunt. C. 5, C. de postlim. rev.

VI.

Milites in his quos liberaverunt jus obsequii non debent obtinere.

VII.

Qui captivum solutâ pecuniâ exemit, illum in libertatem debet vindicare, cum vel captivus, vel alius numeratam obtulit pecuniam. C. 6, C. de postl. rev.

Captivus qui redemptus fuit, ingenuus et non libertinus existimatur, patronatus que et obsequii jure immunis est. C. 11, C. de postl. rev.

VIII.

Qui redempti fuerunt, pecuniâ non solutâ sunt in causam pignoris videntur constituti ; sed cum numerati fuerunt nummi, in pristinam conditionem restituuntur.

IX.

Cum civis captus uxorem duxit barbaram, et posteà, cum illa filiisque ex hoc connubio natis in civitatem rediit, hi quidem filii jura civium obtinent.

X.

In captivitatem cum redactus fuit filius familias illum hæredem suum facit lex cornelia, si pater familias mortuus est priùsquam filius in libertatem vindicatus fuerit. C. 9, C. de postlim. rev.

XI.

Si quis liber testamentum fecit, deinde captivus facit codicillos et posteà redit postliminio, codicilli testamento confirmati videntur.

XII.

Postliminio reversus ingenuitatis jura recuperat ingenuus ; servus autem in servitutem denuò redigitur. C. 10, C. de postlim. rev. et L. 12, § 1, ff. de capt. et postl.

XIII.

Ingenuitatis jura pertinent ad filium, quem uxor cum viro captivâ, ex illo concepit.

XIV.

Fraudibus cùm dissipantur bona captivi, rector provinciæ providere debet ne quid absens detrimenti capiat. Judices absentium, qui cujuslibet rei possessione privati sunt, jura defendere et auctoritatis suæ salutare objicere debent ministerium. C. 3, C. de postl. rev. C. 1, C. si per vim vel alio modo abs.

XV.

In jure rejicere servum, qui jura tuetur absentis, non potest judex; licet hujusmudi conditionis hominibus causas perorare fas non sit.

XVI.

Qui captivus ab hostibus non reversus est, apud hostes mortuus videtur; illosque habebit hæredes, quos, si mortuus fuisset in captivitate hæredes habuisset.

XVII.

Cùm pater familiâs in potestatem hostium redactus est, filii ejus nec sui nec alieni juris esse existimandi; nempe si pater revertitur, semper filios familias creduntur fuisse; si apud hostes autem mortuus est, patres familias ex die quo captus fuit existimantur.

XVIII.

Qui hæreditatem adire, vel bonorum possessionem petere velit mortuum esse testatorem certior esse debet; si dubitet vivat nec ne, hæreditatem petere non potest, L. 13, 19, ff. de acquir vel omitt. hæred.

XIX.

Cum captivus defunctus est apud hostes, sive testamenti factionem habuerit, sive non habuerit, illius bona ad eos pertinere debent, ad quos si captus non fuisset, pertinuissent.

XX.

Postliminii jure reverso omnia restituuntur jura directa; et quæ, per usucapionem, vel per liberationem, vel non utendo finita videntur, intrà annum utilem persequi potest *actione rescisoriâ* C. 18, C. de postl. rev.

XXI.

Omnes qui captivitate liberati in civitatem redeunt, postliminii jure omnia quæ possidebant recuperant, sive agros, sive mancipia, etsi a fisco occupenter; eaque sine morâ restitutio efficienda est. C. 19, C. de postl. rev.

XXII.

Postliminio reversus in civitate semper fuisse existimatur, omnia que familiæ jura recipit.

FIN.

www.ingramcontent.com/pod-product-compliance
Ingram Content Group UK Ltd.
Pitfield, Milton Keynes, MK11 3LW, UK
UKHW020535230726
13925UKWH00005B/2288